¡YO LEO! ¡TÚ LEES!

Turno de lectura del niño
Turno de lectura del adulto

LEEMOS SOBRE PAUL BUNYAN

Ilustrado por Anglika Dewi Anggreini

Traducción de Pablo de la Vega

ÍNDICE

SEAHORSE PUBLISHING

Guía para padres y cuidadores

Leer a su niño en voz alta tiene muchos beneficios. Aumenta su vocabulario, activa el intercambio de ideas y fortalece los vínculos emocionales. Las investigaciones muestran que los niños a quienes se les leen libros en voz alta mejoran sus habilidades lingüísticas, lo que los lleva a tener mayor éxito en la escuela.

Los libros de *¡Yo leo! ¡Tú lees!* le ofrecen una manera divertida y sencilla para leer con su niño. Siga estas pautas:

Antes de la lectura

- Miren la tapa y la contratapa. Hablen de sus experiencias personales relacionadas con el tema. Hagan predicciones sobre el cuento.
- Si el libro resulta difícil o lejano para su niño, léalo en voz alta la primera vez. Luego, invite a su niño a participar la segunda vez que lo lean.

Durante la lectura

NIÑO Pida a su niño que lea las palabras junto a este símbolo. Este texto concuerda con el nivel de lectura y grado señalados en la tapa.

ADULTO Lea las palabras junto a este símbolo.

- Deténgase con frecuencia para hablar con su niño sobre lo que está leyendo y para asegurarse de que su niño entiende.
- Si su niño tiene dificultades para decodificar una palabra, ayúdelo a pronunciarla. Si sigue experimentando dificultades, pronuncie usted la palabra para que su niño la escuche y pídale que la repita.
- Para encontrar el significado de una palabra, busquen pistas en las palabras e imágenes que la rodean.

Después de la lectura

- Felicite a su niño por sus esfuerzos. Hágalo notar cómo ha crecido como lector.
- Hagan uso de las *Preguntas para el intercambio de ideas* y la *Actividad de escritura* al final del libro.
- Hable con su niño sobre lo que aprendió y sobre lo que le gustó y lo que no le gustó del libro.

Y, lo más importante, deje que su niño sepa que leer es divertido y valioso. Continúen leyendo juntos conforme las habilidades y seguridad de su niño crecen.

NIÑO Hace mucho tiempo, un bebé enorme fue llevado por seis fuertes cigüeñas hacia su nuevo hogar.

ADULTO El nombre del bebé era Paul Bunyan. Su madre se enamoró de inmediato de ese gran paquete de alegría.

NIÑO Paul creció rápido. En una semana, ya le quedaba la ropa de su papá. En un mes, su mamá tenía que coser sábanas para poder hacer ropa muy grande que le quedara.

ADULTO

Comía mucho. En el desayuno, Paul se bebía cinco galones de leche y se bebía cuatro docenas de huevos, veinte panqueques y cincuenta rebanadas de tocino.

NIÑO

La mamá de Paul hacía lo que podía para mantenerlo contento. Cuando lloraba, el sonido era tan fuerte que rompía las ventanas de las casas vecinas.

Cuando Paul estaba aprendiendo a caminar, si se caía, causaba terremotos en millas a la redonda.

Para cuando Paul cumplió cinco años, los vecinos dijeron que los Bunyan tendrían que mudarse a algún lugar lejano. Estaban cansados de tener que reparar cosas todo el tiempo.

Paul estaba creciendo tanto que ya era más alto que los árboles. Cuando la familia quería mudarse, no necesitaban encontrar una nueva casa. Paul simplemente cargaba la cabaña y la llevaba a un nuevo lugar. Después de todo, Paul podía caminar una milla con sólo unos pasos. Y la cabaña no era nada pesada para un niño de su tamaño.

Paul colocaba la cabaña cerca de un estanque. Luego, la familia cortaba árboles para construir un granero en el que Paul pudiera dormir. Cuando su padre le daba un hacha, Paul cortaba diez árboles de un solo movimiento. Así, tenían suficiente madera para construir el granero en poco tiempo.

Al llegar a la adolescencia, Paul decidió usar su talento para cortar árboles para ayudar a otras personas. Se convirtió en leñador.

Podía cortar árboles y llevárselos en menos de la mitad del tiempo que le tomaría a todo un equipo de leñadores hacerlo. Era el mejor leñador del mundo.

El hacha de Paul era muy grande. Su mango estaba hecho de un tronco entero.

Un día, Paul estaba tan cansado de cortar árboles que arrastró su hacha en el camino a casa. Cuando volteó hacia atrás, vio la enorme grieta que su hacha había hecho en la Tierra. Esa grieta es ahora llamada Gran Cañón.

Un invierno, hizo más frío que nunca.

Hacía tanto frío que las aves se congelaban a medio vuelo. Las sombras se congelaban en el suelo. El humo helado tenía que ser despedazado en las chimeneas y los osos polares tiritaban.

Hacía tanto frío que la nieve y el hielo se volvieron azules.

Paul dejó su granero para cortar más leña para el fuego. Vio que algo asomaba de la profunda nieve azul.

Paul comenzó a cavar. Primero, vio dos cuernos. Luego, dos ojos lo voltearon a ver. ¡Era un gran buey azul!

NIÑO Paul sacó al tembloroso buey de la nieve y lo llevó consigo al granero para que se calentara. ¡Era casi tan grande como Paul! Llamó al buey Babe y se convirtieron en los mejores amigos.

A Babe le encantaba ayudar a Paul con sus tareas de leñador. Era muy fuerte y podía empujar y halar cosas para terminar el trabajo más rápido.

Más de una vez, Babe evitó un desastre. En una ocasión, Paul estaba tratando de llevar troncos por el río Mississippi. Pero se quedaban atorados en las curvas y meandros del río.

Paul ató un extremo del río a la cola de Babe. ¡Babe haló y haló hasta que estuvo completamente recto!

En otra ocasión, Paul escuchó que en Michigan había sido descubierto oro. Él y Babe fueron hacia allá y comenzaron a limpiar el área para buscar tesoros.

Babe excavó cinco hoyos profundos. No veían oro, así es que regresaron a casa. Esa primavera, la lluvia llenó los hoyos. A esos hoyos se les conoce ahora como los Grandes Lagos.

NIÑO

El grandulón de Paul Bunyan y su enorme buey Babe vivieron muchas aventuras.

Este dúo mítico será siempre recordado por su tamaño y su fuerza, pero sobre todo por su deseo de ayudar a los demás.

¿Qué es un relato fantástico?

Los relatos fantásticos son historias con personajes míticos cuyas habilidades y experiencias son exageradas. Los personajes podrían estar basados en gente que realmente existió, o que podría ser inventada. Los relatos fantásticos estadounidenses, como el de este libro, usualmente mencionan lugares reales de Estados Unidos. Muchos se originaron alrededor de fogatas de acampada donde pioneros del Viejo Oeste que viajaban a lo largo del país se reunían para intercambiar historias. Estos relatos solían ser cada vez más exagerados conforme iban siendo contados una y otra vez.

Preguntas para el intercambio de ideas

1. Encuentra al menos dos detalles en este relato que probablemente son una exageración de la verdad.
2. ¿Qué hace el personaje principal que podría ser considerado heroico?
3. ¿Qué detalles de la historia son hechos reales? ¿Cómo podrías descubrir qué partes son verdaderas y qué partes no lo son?

Actividad de escritura

Piensa en un río, montaña, océano u otro escenario natural que quede cerca de ti. Escribe e ilustra un relato fantástico en el que se explique cómo ayudaste a que ese lugar sea como es. Tus aventuras deben ser increíbles y exageradas. Conviértete en el héroe de la historia, pero cuéntala como si fueras el narrador.

Contada por Shannon Anderson y Madison Parker
Traducción de Pablo de la Vega
Ilustrado por Anglika Dewi Anggreini
Diseño de Under the Oaks Media
Desarrollo de la serie de James Earley
Editora: Kim Thompson

Library of Congress PCN Data
Leemos sobre Paul Bunyan / Shannon Anderson y Madison Parker
¡Yo leo! ¡Tú lees!
ISBN 979-8-8945-9016-5 (hard cover)
ISBN 979-8-8945-9022-6 (paperback)
ISBN 979-8-8945-9028-8 (EPUB)
ISBN 979-8-8945-9034-9 (eBook)
ISBN 979-8-8945-9040-0 (audio)
ISBN 979-8-8945-9046-2 (read-along)
Library of Congress Control Number: 2024946193

Printed in the United States of America.

Seahorse Publishing Company
www.seahorsepub.com

Published in the United States
Seahorse Publishing
PO Box 771325
Coral Springs, FL 33077

SEAHORSE PUBLISHING